ÉLOGE

DE M. LE DUC

Mathieu de Montmorency,

PRONONCÉ

À LA SÉANCE PUBLIQUE DE LA SOCIÉTÉ ROYALE D'AGRICULTURE,

SCIENCES ET ARTS DU MANS,

Par M. GIRARD,

PROCUREUR DU ROI, PRÉSIDENT DE LA SOCIÉTÉ, CHEVALIER

DE L'ORDRE ROYAL DE LA LÉGION-D'HONNEUR.

AU MANS,

IMPRIMERIE DE FLEURIOT, RUE ROYALE.

Juin 1826.

ÉLOGE

DE M. LE DUC

MATHIEU DE MONTMORENCY,

PRONONCÉ, LE 1.er JUIN 1826,

A LA SÉANCE PUBLIQUE DE LA SOCIÉTÉ ROYALE D'AGRICULTURE,

SCIENCES ET ARTS DU MANS.

Sa mort a révélé le secret de sa vie.
SABATHIER.

Messieurs,

VOUS parler aujourd'hui des vertus de M. le duc Mathieu de Montmorency, de tout le bien qu'il a fait, de celui que les Bourbons et la France en attendaient, c'est renouveler, je le sens, la douleur publique, c'est répéter un éloge qui est dans toutes les bouches, gravé dans tous les cœurs, et qui retentit encore dans toute l'Europe; c'est rappeler la perte irréparable que viennent de faire le Trône, la France, l'Académie et les malheureux; mais c'est aussi, Messieurs, payer un tribut à la reconnaissance, c'est m'acquitter d'une dette sacrée, c'est satisfaire enfin au besoin de mon cœur à qui je ne dois pas hésiter de faire ici le sacrifice de mon amour-propre.

D'ailleurs, dans quelle circonstance plus favorable pouvais-je espérer m'attirer tout à la fois votre attention et votre indulgence ?

Quel sujet plus noble, plus touchant et plus heureux aurais-je pu choisir pour une séance solennelle, que l'éloge de l'homme de bien qui n'est plus, que toutes les classes de la société pleurent encore ?

Je m'attacherai principalement, dans cette courte notice, à rapporter ce qui tient au département de la Sarthe, à rappeler quelques pensées du noble duc, qui ne sont connues que de nous, quelques-uns des actes de bienfaisance qui ont ici marqué ses visites annuelles et dont le souvenir éternisera nos regrets.

Je m'étendrai peu sur son origine, ses titres et ses dignités qui vous sont si connus et dont il ne parlait jamais. Vous savez tous aussi, Messieurs, combien ce descendant du premier baron chrétien a ajouté par ses vertus à l'éclat de cet honorable héritage de famille ; c'est toujours par ces mêmes vertus et par des bienfaits qu'il a cherché et qu'il a si bien réussi à se mettre au-dessus de ses semblables.

Pour bien juger l'homme qui toujours a été élevé en dignités, il est indispensable de rapprocher les actions de sa vie privée des actions de sa vie publique, et de mettre surtout au grand jour les premières, les seules où il a du être tout lui-même, parce qu'il n'avait alors aucun intérêt à se faire violence en cachant sa pensée.

M. le duc Mathieu de Montmorency, dont le nom seul est un éloge, était de ce petit nombre d'hommes privilégiés que le Ciel donne à la terre pour servir de modèle et d'exemple aux autres mortels, et pour prouver que l'homme vertueux est celui qui se rapproche le plus de la divinité.

Il était né à Paris le 10 juillet 1767. Ses études furent brillantes. Dans ses classes, il se fit autant remarquer par sa modestie qu'admirer par ses progrès. A une distribution générale des prix du collége Duplessis, où il fut plusieurs fois couronné, le principal du collége dit dans son discours : Celui de mes élèves que les plus hautes dignités attendent, qui tient à la naissance la plus illustre, dont la noblesse est aussi ancienne que la monarchie, est en même temps le plus laborieux, le plus intelligent, le plus soumis et surtout le plus modeste de ses condisciples.

Il passa une partie de sa vie dans la Capitale, mais il tenait autant par le cœur et par de grandes propriétés au Maine, où, tous les ans, il venait revoir de nombreux amis, répandre de nouveaux bienfaits et recevoir de nouvelles bénédictions.

Aux qualités brillantes de l'esprit et du cœur, M. de Montmorency réunissait une physionomie douce, noble et heureuse, qui commandait la confiance, l'affection et le respect. Il promettait peu et tenait beaucoup. Sa fortune, vous le savez tous, Messieurs, était moins à lui qu'à l'indigence.

Les accens des malheureux pénétraient jusqu'au fond de son cœur. Leurs souffrances devenaient les siennes, il semblait qu'il avait le même intérêt qu'eux à en abréger le terme.

Son ardent désir de répandre partout ses bienfaits aurait pu faire dire que c'était chez lui une passion si féconde en ressources, qu'elle semblait avoir triplé ses revenus.

Tous les ans, il venait passer un mois à son château de Bonnétable, avec Mme la duchesse, cette femme accomplie, qui s'était associée à tous ses actes de bienfaisance.

Le but de leur voyage était bien moins d'emporter le revenu de leur terre, que de le distribuer aux pauvres de la contrée et de fonder quelques établissemens utiles.

M. Vétillard, dans son intéressante notice, nous a appris que la ville de Bonnétable lui devait une manufacture et quelques édifices religieux, qu'il a doté plusieurs jeunes ecclésiastiques et qu'il donnait des fonds pour des travaux de charité. Les avenues de son château servaient de promenades publiques. Il a fait obtenir aux fabricans de la ville du Mans la fourniture des étamines à pavillon. Toutes les fois que le duc de Montmorency a reçu de Sa Majesté quelques marques de confiance ou quelques insignes faveurs, chaque habitant en a pris sa part, l'allégresse est devenue générale : le Mans en a été reconnaissant comme d'un bienfait accordé à la ville.

Il embrassa la carrière des armes; il fit ses premières campagnes en Amérique, sous les ordres de son père, le vicomte de Laval. Plus tard, il fut appelé aux états-généraux, comme député du bailliage de Montfort-l'Amaury.

Il était dans l'âge des illusions; ses principes philanthropiques égarèrent d'abord son noble cœur, mais il fut bientôt détrompé. Il en a fait depuis un aveu si touchant et si sublime aux deux chambres, à la France et à l'Europe, que rappeler cet aveu, c'est jeter une fleur de plus sur sa tombe. Aussi, qui de nous, Messieurs, n'est convaincu que ses vertus étaient de lui, et ses erreurs étaient du temps ?

Bientôt après il vit ses jours menacés; pour soustraire sa tête à l'échafaud, il se retira en Suisse, où l'amitié lui fit supporter son exil, où Mme de Staël, bien qu'elle eût des principes politiques opposés aux siens, adoucit l'amertume de ses jours.

C'est de ce noble duc que l'on pouvait dire que l'amitié lui était nécessaire, qu'elle l'a consolé dans ses peines, et l'a trouvé fidèle dans ses prospérités.

Le 17 juin 1794, au moment où il déplorait le sort de sa patrie et faisait des vœux ardens pour elle, son frère expirait sous la hache des bourreaux. Il eut peine à survivre à ce dernier coup.

Après tant de malheurs et d'orages, il revint en France, au sein de sa famille, vivre retiré, et satisfaire la passion à laquelle sa grande âme a toujours été le plus sensible, celle de faire des heureux.

Un seul trait assez connu de sa vie va peindre la bonté de son cœur. Un des députés des provinces méridionales se trouvait dans la diligence de Bruxelles à Paris. Il faisait un froid excessif; un homme d'une noble figure et enveloppé d'un manteau bleu, ordonne au postillon d'arrêter et fait monter un paysan qui paraissait transi de froid. Le pauvre homme ne pouvait se rechauffer, et l'étranger lui dit alors: Mon ami, vous avez négligé de vous vêtir; prenez mon manteau, il me reste une capote. Le paysan ne le voulait pas; mais l'étranger lui jeta son manteau sur les épaules, et le couvrit avec un soin minutieux. Ce fut alors que le député aperçut une décoration qui annonçait un grand personnage. Monsieur, dit le député curieux, à votre action, je gagerais que vous êtes... — Qui ? dit l'étranger en souriant. — M. de Grammont. — Non. — M. de Choiseul. — Non. — M. de Montmorency. — Oui, Monsieur.

Combien d'autres traits semblables n'aurions-nous pas à citer ? Aussi chacun de nous, Messieurs, se demande en ce moment, comment ce député ne l'avait-il pas nommé le premier ?

Il n'était, à Paris, aucune société de bienfaisance, aucune association de charité, aucune administration d'hôpitaux et de prisons dont il ne fît partie. Il leur consacrait tous ses soins, toutes ses veilles, jusqu'à compromettre quelquefois sa santé.

A la restauration, c'est le noble duc qui fut chargé par le gouvernement provisoire d'aller à Nancy au-devant de S. A. R. MONSIEUR, pour lui annoncer les vœux de la France et le triomphe de la légitimité.

Il reçut successivement les titres d'aide-de-camp de S. A. R., et de chevalier d'honneur de MADAME, duchesse d'Angoulême.

En 1815, il était à Bordeaux, avec l'héroïne du 12 mars, cette Fille des Rois, dont le nom rappelle tant de malheurs, de courage et de vertus !

Il s'embarqua pour Londres avec S. A. R., et se dirigea ensuite sur Gand.

Rentré en France avec les Bourbons, il reçut les honneurs de la pairie.

Nommé, en 1820, président du grand collége, il obtint aux élections les résultats les plus heureux, de concert avec le comte de Bréteuil (*), dont l'administration fut si paternelle et si éclairée, dont le souvenir ne se perdra point dans ce département.

Avec quelle grâce et quelle modestie M. de Montmorency dit publiquement, la veille des élections :

(*) Préfet de la Sarthe.

« Le comte de Bréteuil a gagné tous les cœurs ;
» j'espère qu'il les fera voter pour nous ! En fait de
» bien, on ne peut que glaner après lui. »

A son dernier voyage du Mans, toute une famille
lui exprimait de vifs regrets d'être dans l'impuissance
de reconnaître un signalé service qu'il lui avait
rendu : Rien n'est plus facile, répond-il aussitôt ;
indiquez-moi d'autres malheureux à soulager, et je
vous tiendrai quitte du reste.

Quelque temps après, il fut appelé au ministère des affaires étrangères ; tous les souverains
surent bientôt l'apprécier et s'empressèrent d'ap-
plaudir au choix de Sa Majesté.

Alexandre, qu'une mort prématurée a enlevé
à l'amour de ses sujets et à l'admiration de l'Europe,
reconnut dans le noble duc tant de vertus et de
grandeur d'âme, qu'il joignit à sa haute estime une
sincère affection.

Mais après avoir rempli, au congrès de Vérone,
l'importante mission qui lui avait été confiée, M.
de Montmorency demande à se retirer. Sa délicatesse
dicte sa démission, bien qu'il n'y eût divergence,
comme la France le sait, entre les autres ministres
et lui, que sur les moyens.

Il ne perdit que son portefeuille, il reçut en
échange le titre de duc. Il emporta dans sa retraite
l'estime du ministère, la confiance des souverains
alliés, l'affection de son Roi, et les regrets de la
France.

Il n'a jamais eu à craindre que sa conduite fût rapprochée du tableau de ses devoirs, et les actions qui n'ont pas été connues du public sont peut-être les plus dignes de nos éloges.

Pourquoi faut-il, Messieurs, que des hommes si rares aient une carrière si courte ? Il n'y aura qu'aux yeux de la postérité qu'elle paraîtra longue et pleine, si l'on compte par les belles actions, plutôt que par les années.

Les destinées de la France venaient de lui être confiées. Tous les cœurs l'avaient nommé gouverneur de S. A. R. le duc de Bordeaux, long-temps avant que l'ordonnance parût ; et l'Europe entière y applaudit.

Partout on voyait en lui le Montausier du 19me siècle ; partout on répétait ce qu'on a dit d'un autre illustre personnage : « Si la providence eût été » consultée, elle n'eût pas fait un autre choix. » Lui seul croyait qu'il n'était pas le plus digne, et que M. le duc de Rivière pouvait l'emporter sur lui.

M. de Montmorency aimait le bien, il savait le faire ; il pratiquait la religion, et personne ne sut mieux que lui la faire chérir ; pour la bien peindre enfin, il faudrait la représenter telle qu'elle existait dans son cœur. Qui connaîtra toutes les actions de sa vie, dira qu'il ne lui a manqué que des années. Qui aimait la vertu, recherchait le duc de Montmorency.

Pendant sa vie, il fut estimé par tous les partis. Après sa mort, tous lui ont payé un tribut de regrets. Tous les malheureux l'ont pleuré, et leurs larmes en ont bien plus dit que les oraisons funèbres prononcées sur sa tombe.

Est-il aussi un éloge plus honorable et plus touchant sur sa mort que cette expression de la douleur, que cette pensée du cœur de Charles X : « Il y a » deux personnes en moi, a dit Sa Majesté, le roi » et l'homme, et je ne sais lequel est le plus af- » fligé ? » L'Académie l'appela de tous ses vœux, et son choix fut justifié par le discours du noble récipiendaire. Ce n'est pas l'académicien qui parle dans ce chef-d'œuvre d'éloquence, c'est le goût, le génie, le sentiment, la grâce et la vertu.

Il fait tout à la fois honneur à son esprit, à son cœur et à son jugement. Il aurait pu le terminer par ce vers de l'un de ses prédécesseurs :

« Aucun fiel n'a jamais empoisonné ma plume. »

Chaque fois qu'il venait au Mans, ses premières visites étaient aux hospices et aux prisons où toujours son cœur, bien plus que le devoir, l'entraînait. On le voyait entrer dans les plus grands détails avec les autorités qui l'accompagnaient. Rien ne lui était indifférent ; toutes les fois qu'il s'agissait de l'humanité souffrante, il était ingénieux à tout prévoir et attentif à tout recueillir. Aussi, lorsqu'il sortait de ces lieux de misère, c'était lui qu'on écoutait, que l'on consultait. Il en savait déjà le plus ; il connaissait tous les besoins , tous les désirs , et son cœur aidait à sa mémoire, lorsque , par hasard , elle se trouvait en défaut sur quelques points.

Il avait une précision admirable , une facilité rare à tout concevoir. Combien de fois n'a-t-on pas mis à profit ses judicieuses observations !

Sa présence et sa pitié touchante calmaient les douleurs ; ses dons et ses exhortations paternelles arrachaient des larmes aux remords , et en faisaient verser à la reconnaissance.

Ses visites terminées , tout autre que M. de Montmorency ne s'en serait plus occupé en public ; mais partout où il se trouvait réuni avec quelques-unes des autorités chargées de l'administration des prisons et des hospices , il ne s'entretenait que des améliorations à faire , et des moyens d'adoucir le sort de ces nombreux infortunés.

Changer de conversation , c'était lui déplaire ; mais il ramenait toujours au même sujet. Il n'eut aucune de ces passions qui troublent la paix de l'âme ; on avait donc lieu d'espérer le conserver plus long-temps.

Il fut le plus tendre des fils , le meilleur des maris, le plus fidèle des amis, le modèle des pères, le bienfaiteur de l'humanité.

Voilà ce que nous savons tous , ce que nous a dit M. le duc de Doudeauville , l'interprète éloquent de cette famille infortunée, le fidèle et le premier écho de la douleur publique.

Le souvenir de ses vertus se transmettra d'âge en âge. La postérité l'honorera tout à la fois comme homme de bien, comme homme de lettres, et comme homme d'état.

Qui de nous, Messieurs, à la nouvelle de sa mort, n'a été douloureusement ému et n'a senti toute l'étendue de notre perte ?

C'est le Vendredi-Saint, au pied des autels, près du Sépulcre, au sein de la prière, que son âme noble et pure s'est envolée vers le Ciel.

Le 24 mars désormais sera compté parmi les jours malheureux de la France ; et si jamais l'on élève un temple à la bienfaisance et à la vertu, on y trouvera l'image du duc Mathieu de Mont-morency.

FIN.